Liz Randja

Au cœur des silences

Poésie

© 2021, Liz Randja
Édition : BoD – Books on Demand,
12/14 rond-point des Champs-Élysées, 75008 Paris
Impression : BoD - Books on Demand, Norderstedt, Allemagne
ISBN: 9782322395057
Dépôt légal : Septembre 2021

Le silence est comme l'amour, il émerveille, ébloui, trouble et puis il apporte sa grâce, son mystère et la paix intérieure.

Il y a des âmes qui rentrent dans nos vies, avec leur amour infini, comme des rayons de soleil, qui change soudain le cours de notre existence…
Dédie à cette âme qui restera blottie dans mon cœur a jamais.

Rêve éternel

C'est là, sur la grève du cœur, ocrée d'écume,
Que le testament du rêve silencieux,
S'écrit, plissant les draps d'éclairs majestueux,
Et les soupirs des aubes au-delà des brumes.

Juste un instant et l'azur noue sa belle toile,
Lorsque l'éphémère s'invite à l'éternel,
Le violon dans l'âme vibre solennel,
Devant la beauté nue des brillantes étoiles.

Aux creux déracinés de toutes pensées pures,
Il n'est plus de peine, juste un désir flottant,
De t'attendre, toi, mon vertige enveloppant,
Pour que les songes t'accrochent à ma parure.

Les pupilles frémissent, nues, jusqu'à ton ombre,
Émues par ce parfum si doux, au gout d'espoir,
Dans la tiédeur qui cotonne l'œil du soir,
Qui unit mes solitudes aux pierres d'ambre.

Jusqu'à ton souvenir

Au désert du ciel accoudé à ton absence,
Pareil à ce malheur qui courbe le sommeil,
Le frisson du soir détourne l'émoi vermeil,
Jusqu'à ton souvenir et à ma délivrance.

Je marche sur les ponts de nos songes sublimes,
Vers l'au-delà des pleurs, dans l'étreinte du temps,
Prête à te cueillir, aube d'un exquis printemps,
Sous le miroir du sort engouffré a nos cimes.

Aux parois des cieux il y a cette ondée rose,
Qui voltige, a en remplir l'espace lascif,
Quand ta bouche s'enrobe de désirs naïfs,
D'un bout d'âme perdu dans cette vie morose.

L'œil lamenté du matin brûle la voûte ivre,
Glissant au seuil des secrets ton charnel désir,
Bénie, je garde l'auréole du plaisir,
Lorsque tes baisers doux frémissent sur ma lèvre.

Épanchée d'amour

Les échos langoureux des romances charmantes,
Sublime l'étoile, frôle l'air vaporeux,
Et dans le cœur je sens l'azur de tes beaux yeux,
Les aubes parfumées de corail, l'eau dormante.

Sous notre ciel argenté, les flammes astrales,
Bercent le matin et cueillent l'or du soleil,
Tissant l'air de pourpre, la lèvre de vermeil,
Lorsque le silence effleure l'odeur florale.

Le regard façonne mille notes divines,
Et l'âme du violon passe en voyageur,
Sous les vitraux célestes du souffle rêveur,
Éveillant le matin et l'onde sibylline.

Tandis que l'horizon peint les cimes de l'aube,
A son chevet la rose s'épanche d'amour,
D'un seul geste, au creux des paumes, en fin du jour,
L'orée va pétrir le destin, creusant sa courbe.

L'effet du renouveau

C'est comme un désir nu au creux béat du cœur,
Qui pourpre d'émois le pouls de mon existence,
Sous les couleurs vifs, inconnues des providences,
Laissant le silence comme seul créateur.

En confessions, les fibres du l'éternel,
T'incruste à ma chair en lenteur cerclée d'opale,
Lorsqu' à l'appel des mouvances syncopales,
Le temps rejoint le miroir émotionnel.

En frémis d'oracle, l'infaillible flambeau,
Prédit, bien doué, la grâce de l'espérance,
Cambrée au pouls du ventre, où je sens ta fragrance,
Tiède et si légère, tel l'aveu dues berceau.

Sur les canons des éclipses feutrées d'hasard,
Au réveil du corps, sur les anses des épaules,
Se lie l'éternité aux cordes des violes,
Berçant les âmes qui nagent dans le brouillard.

Sous l'aile des songes

L'odeur des nuits délie le nectar du matin,
Se pose à ton cou, dans l'ocre jaune des roses,
Chatoyant par son souffle langoureux les heures,
Tes lèvres embaumées de baisers libertins.

Un rêve pur valse sur un tapi de vers,
Et l'aube naît d'une douce teinte opaline,
La rosée exhale arômes de vanilline,
Tandis que près de nous vibre tout l'univers.

Le silence règne donnant cours aux aveux,
Sous l'arche des rosiers, sous le zéphyr en flamme,
Vers les nuages froissés le soir cueillit l'âme,
Sans pleurs et sans regrets, à quelques pas d'adieu.

Tandis que l'azur miroite dans ton regard,
Entre les bras qui jettent le sort noyé d'ombres,
Je t'attends encore vers l'orée des nuits sombres,
Parmi les songes, lueur au port du hasard.

Tes sourires dans mon âme

Les vagues grisées frissonnent si près des cieux,
Sous la brise triste qui ploient les lourdes cimes,
Ivre, les rêves jouent leur union intime,
A l'orée des aubes, mirée au fond des yeux.

Sur la pointe du jour un soleil tissé d'or,
En plein harmonie, compose des cantilènes,
Prémonition des rosées bohémienne,
Dans le silence de ce sublime décor.

Un rêve voué au néant ourle mes pas,
Le cœur des aveux, des illusions béates,
Vertige des désirs et douceur délicate,
Qui tangue effleurée par l'étreinte de tes bras.

Rêveuse encore, je fends en souffle d'éclat,
Vers ton émoi qui cambre mes lèvres candides,
Aux nuits dérobées de nos paroles avides,
A tes sourires, o, quels délices béats !

Ma certitude

J'ai fleuri ma vie sur le rebord des paupières,
Frôlant les rêves naissant d'un confus demain,
Au creux des vœux, en transe, si prés du lointain,
Et du désir de ces mains nappé de poussière.

Sur mon corps un frisson, o, frêle solitude,
S'écoule ce soir, muet, un doux abandon,
Comme l'eau de l'âme, un irrévocable don,
Un temps flou qui devient soudain ma certitude.

J'ai gardé la trace courbée d'insouciance,
De ton sourire, de tes yeux cerclant mon ciel,
La troublante diaprure, un point d'arc-en-ciel,
L'ailleurs exquis et serein a ta ressemblance.

Sur ma peau une perle, goutte d'abondance,
Ton feu sur ma lèvre, ton soupir à mon cœur,
Par-delà des songes qui tissent le bonheur,
Lorsque le sort bat le rythme de l'espérance.

J'attends

Aux fins plissures du sort ou luit mon histoire,
Tu es le seul collier que je prends à mon cou,
Le serment légué des rêves un peu filous,
Le seul cœur qui veille mon orée provisoire.

Aux silences de mes bras, aux pas des errances,
J'attends mon destin en tonnelle des vapeurs,
Lorsque l'aube neuve pourpre mes yeux grimpeurs,
Pour que j'égrène les perles aux fulgurances.

Un bel éclat bourgeonne déjà dans mon âme,
Je vis ton pouls, j'estampe tes soupirs d'émoi,
Dans le cri de ma chair, dans le baiser des doigts,
Jusqu'à chacun des désirs qui tissent nos trames.

L'esquisse des lèvres se courbe sur les hanches,
Tannée de sens, éthérée du parfum discret,
Douce fleur de jasmin au calice secret,
Sillonne tantôt vers le brûlant de la bouche.

Tu es ce silence

J'ai gardé aux rides des yeux émerveillés,
Mon rêve et tes sourires aux sommets des lunes,
Cette lumière languissante au dos des dunes,
Le manque qui plisse mon sommeil éveillé.

Et si le temps déserte l'éden d'autrefois,
Donnant à mon cœur la béance des nuits noires,
Je reste rivière, l'ardeur de l'ombre ivoire,
Qui frôle ton nom sur le chemin chaque fois.

A ma lèvre pâle, au déluge de mes maux,
Tu es ce silence, cette émotion parme,
Vertige incrusté au regard courbé de larmes,
Le seul souffle qui fait éclore les anneaux.

Sous ma paupière se déplie le ciel frisquet,
Des nuages mous, épuisés de solitude,
Des astres éperdus dans leur béatitude,
Glissant près de la douceur contée de bluets.

Avant l'hiver des aurores

Au port des silences s'agenouillent les pas,
Intouchables et fous, si assoiffés des flammes,
Au-delà des minuits frêles, perdus dans l'âme,
À l'aube des jours fondus aux jardins lilas.

Les sens se camouflent dans les soupirs profonds,
Ou jouent aux énigmes dans le miroir des heures,
Creusés dans les nœuds de chair jusqu'à ta demeure,
Dans l'émotion des cieux et leurs éclats blonds.

Lors la rosée satine l'orbe du soleil,
Dans cette clarté l'âme parle de romance,
Aux grains de la peau, en cambrure d'élégance,
Qui ondoie ses baisers sous les rayons vermeils.

Dans l'azur des yeux un murmure enjoliveur,
Gracile douceur avant l'hiver des aurores,
Comme ce joyau d'amour que l'âme honore,
Au fond du cœur, aux plis des sourires rêveurs.

Mon pas te cherche

Au levant, l'œil peint les cimes de l'univers,
Frôlant en douceur le feuillage des aurores,
Dans le chaos de mon cœur où l'amour décore,
Les rêves fragmentés des tempêtes de vers.

Et les soupirs glissent jusqu'au frisson du pouls,
Bruissant de silences, courbés par ton image,
Qui s'unit a moi, exquise rose sauvage,
Lorsque les vents jaloux hissent les désirs saouls.

Un premier pas te cherche, puis l'autre t'habit,
Pour quelques instants, sciures des insomnies,
Lors l'âme t'appel tu es vertige de vie,
Secret des doigts abritant ton cœur embellit.

L'anneau d'étoiles banni la fleur de l'oubli,
L'étreinte des vœux, témoin timide des lèvres,
Te murmure, m'envahie, émoussant ma plèvre,
Déhanchent les bouquets des émois anoblis.

Miettes des songes

Au gouffre poussiéreux erre encor le cœur,
J'ai déposé mes rêves, mes baisers, ma chaîne,
Tournant le cadran du sort qui est à la traîne,
Au creux des lumières dorées, dans l'œil rêveur.

L'émoi des parfums inouï baigne l'été,
Et le soleil, en teint doré, charme les heures,
Sous les tuiles du ciel, au cœur de leur demeure,
Ou le silence naît d'un sourire gâté.

Le souvenir embrasse l'éclair du combat,
Dans la pénombre de l'âme perdue, sablée,
Saupoudrant sur ma plume l'ivresse troublée,
Écorchant l'écho des murmures délicats.

D'un songe, sur ma chair, le désir s'arrondi,
Dénoue la mémoire, butinent les folies,
Sous l'arc du corps où les émois se concilient,
En cris qui flottent sur les crêtes d'organdi.

J'aurais aimé

J'aurais aimé être un vers troublé sur ses lèvres,
Le vertige indompté, tressé en fil du sort,
La falaise émue des vents qui rêve de port,
Lors la mémoire est prisonnière de nos fièvres.

J'aurais aimé être dune, en sa main sculptée,
Liane frétillante en son esprit vermeil,
Un liant de corail aux rondeurs du soleil,
A la croisée des carrefours, d'aubes domptées.

J'aurais aimé être feu à ses yeux d'ivresse,
Jour pourpré d'amour, l'éden des chants cristallins,
L'écorce des corps serrés des fils opalins,
Lors la voûte coule, édulcorée de liesses.

J'aurais aimé être cette brise secrète,
Ton souffle confus, l'oasis au sable d'or,
Le cri d'ailes, fumée en nuée de condors,
L'amour qui te hante par sa quête discrète.

À l'orée du destin

L'écho des heures se perle de ton absence,
Orchestrant l'arpège ému du cœur fiévreux,
Ondée ancrée à mon cou, collier langoureux,
Guidant le sort enroulé dans l'impatience.

Sur le fil azuré qui veille ta paupière,
Mon songe pointille déchiquetant le temps,
Pour l'emprisonner dans le coffret du printemps,
Près du nid où le doux duvette les lisières.

Les pensées frissonnent, éperdues et sensibles,
Sous l'émotion délicate des matins,
Rêvant aux veux gravés à l'orée du destin,
Devant l'aube qui au réveil est indicible.

Du vermeil et du bleu, une rose écarlate,
Aux plis des voûtes, dans le chaos libéré,
La beauté sauvage d'un amour éthéré,
S'incruste à ta peau en filigrane d'agate.

Pour un instant...

L'âme fond sur l'éclipse projetée des heures,
Glisse le rêve au-delà des rides du temps,
Où les saisons se confondent avec les vents,
Parfumant l'émoi au jasmin, brûlant l'obscure.

Et pour un seul instant j'inverserai les voûtes,
J'épouserai ton ciel, frisson de diamant,
Les chants passionnés de tous ces murs dormants,
Lorsque s'attardent sur les flammes qui froufroutent.

Si l'âme frôle encor les caresses nocturnes,
Je touche les flammes maillées au bord des mots,
La ligne insatiable du sort, sans repos,
Satinent les raïs sibyllins des nuits ternes.

Puis, un instant, je valserai sur ta musique,
Dans le désir ardent, dans l'éclat du bonheur,
Sur les pavés argentés se dessine un cœur,
Hasard éclairé d'émotions euphoriques.

Petit cœur d'amour
(Dédie a ma petite fille, Aruna)

Petite empreinte collée aux peaux de nos âmes,
Symbiose des fragrances, de l'arc-en-ciel,
Crée par le vol de lumière, arômes de miel,
Dans l'écrin de l'amour, secret en soie des trames.

Mon petit ange blond, ma deuxième princesse,
En fin d'automne je t'accueillis, au grand camp,
Corde émeraude, toi, violine printemps,
Sous l'archet de chaque matin qui me caresse.

Petite branche issue d'un arbre de famille,
Tu as pris déjà place dans nos cœurs, nos plis,
Et l'onde divine qui songe en toi ampli,
Le temps astral au berceau de notre charmille.

Petit cœur, flâne a l'horizon des étincelles,
Lors je t'enlace, ô quel mystère viager,
J'ai ton visage tracé en souffle léger,
Et tes sourires à mes cils qui se ficellent.

Petite fleur du bonheur, goutte de ma sève,
Liant de mon histoire, soif de mon hiver,
Délicat élixir, beauté de l'univers,
Qui prend place dans mon espace et sur ma grève.

Je voudrais te parler...
(Dédie a mon ami, Alain)

Je voudrais te parler d'espoir et de magie,
D'émotions, du septembre et son dernier jour,
Qui répand tous ses essences d'ambre toujours,
Dans l'attente qui me vide de l'énergie.

Je voudrais te parler d'émois et de tendresse,
De ces instants qui courent vite, trop gourmands,
En onde frénétique, en battements friands,
Lors mon cœur ému, fondu au tien, te caresse.

Je voudrais te parler du soleil et d'aurores,
De la douceur, en ce jour, de ces rêves blancs,
De cette vie qui frémit dans le regard franc,
D'anges lumières liés à ton âme amphore.

Je voudrais te parler du destin et de roses,
Veillant toujours sur toi, sur l'âtre du réveil,
Cachant la peur, attisant les maux en éveil,
Parant l'inquiétude et les pensées moroses.

Je voudrais parler d'amitié, de symphonies,
Saison de frêles sourires, abri furtif,
Du vertige des voûtes, d'un cœur adoptif,
Gravé en clapotis d'éclat et d'harmonie.

Je voudrais te parler de souvenirs, de chance,
De rages empressées, du vacarme incessant,
De l'embrasure d'un horizon empressant,
Du bonheur, du renouveau et de confiance.

Au pouls de ma peau

Encor la mémoire s'infuse de frissons,
Qui s'allongent sur les arcanes des épaules,
Comme le frôlement discret des lucioles,
Lors le soir bruyant se saoule sous les buissons.

En treille de caresses s'enroulent les pleurs,
De notre été grisé de roches millénaires,
Jusqu'à l'orée détourée de la voie lunaire,
Par l'éclair qui allume le destin jongleur.

Au pouls vif de ma peau s'égrainent les odeurs,
De ce temps raccommodé au charnel des ombres,
Quand, sans rêves j'ai si froid à la moindre fibre,
Auprès de nuits éventées par l'air baladeur.

Poursuivant sans cesse les cailloux du levant,
J'ai pris de toi seulement les échos des veines,
Amassant ta sève dans mon âme sereine,
Afin de sauver l'aven des matins brillants.

A l'interface de nos mondes

J'ai tant marché au creux des nuits cherchant ta
terre,
Voguant près des étoiles, au-delà des monts,
Sous la rosée frisquette ou je touche ton front,
Puisque tu es partout, même dans mes artères.

Le diadème des lissiers ceint les lumières,
A l'interface du monde, archée en anneau,
Lorsque le soleil se lève sous les arceaux,
Grâce voilée des aubes liées en gouttières.

J'ai raccommodé le temps, la coupe de l'âme,
Brûlant les cierges des jours mouvants sur le toit,
Sous l'ivoire opaque des éclats trop étroits,
Pour que tu glisse à l'épiderme de mes trames.

Au creux des émois s'attise la rose morne,
Rougit et embrasse l'aveu en plein désert,
En ronde du calice ébat le sort offert,
Dans le miroir de ce demain qu'en moi s'incarne.

Émotions d'octobre

L'automne rouillé se lie aux plis des lumières,
Aux jours fatigués et aux nœuds du vent puisant,
En symphonie qui s'aliène à l'air séduisant,
En clapotis échoues à l'orée des frontières.

Mon cœur entre-ouvert tourne près de ton orbite,
Démuni, frôle l'ellipse d'un sort mielleux,
Aux puits de tes pupilles, aux frissons poudreux,
Où le soleil s'enrobe en teintes azurites.

Dans la cruche du temps j'ai rassemblé mes cimes,
L'amer de mon exil, mes ans et tes contours,
Veloutant de désir, d'exubérant amour,
Le moulage de ton miroir, sa voix intime.

Octobre farde les rides de mon errance,
Par la sève de tes mains, de l'éclair du ciel,
Au dessus des ponts givrés les émois charnels,
Arrache la fleur de jasmin aux délivrances.

Cinquante neuf pas frôlent la voûte rosace,
Et plongent dans les espaces enrubannés,
Aux plis des cambrures, aux rayons safranés,
Au loin des aurores dentelée de bonaces.

L'éclat du feuillage brouille la peine bleue,
Qui hante les murs chauds, émeut le cœur épris,
Pour qu'au-delà des douleurs l'œil reste surpris,
Par le sort en seconde floraison ardue.

J'ai arrêté le temps

J'ai dénudé mon cœur pour avoir ta béance,
Frêle tels les baisers des nuages moelleux,
Brodant mes mots à l'orée du trouble frileux,
Qui revient essoufflé, claquant ses fulgurances.

Ainsi, l'automne s'emprisonne aux pluies sauvages,
Arqué aux rêves, au loin de quelques torrents,
Entourant d'un brasier hardi les mots absents,
Coulis de délices d'où éclot ton image.

J'ai arrêté le temps qui plane en mes prunelles,
Accoudées aux souvenirs, aux jours paresseux,
Au réveil des cimes, sous l'orbe d'or mousseux,
Coud les pouls d'aurores, calme la main fidèle.

Le frémis du désir près des pores de l'âme,
Dénoue les songes languissants, drapant l'instant,
D'un pourpre satiné, écharpe aux cils flottants,
Qui berce mon sort si confus et te réclame!

Sensations...

C'était comme un tintement joyeux en plein cœur,
Animant l'éclat du feuillage, l'ombre froide,
Qui peint, au-delà des cimes, des palissades,
L'azur de tes yeux dans le chaos du bonheur.

Sur les hauts murs j'ai cru voir des anges heureux,
Dans le silence des ailleurs, doré d'étoiles,
Lorsque le temps nappe de ta courbe ma toile,
Prenant, au loin, la forme des songes ocreux.

C'était comme un frisson au dos béat du soir,
Aux pâmoisons des mots, au vent de solitude,
Quand le sort s'endort, dérobé de quiétude,
Au duvet du souffle qui fleure l'encensoir.

En transe, le ciel englouti l'œil du néant,
Ardent, berce l'ivresse fauve des errances,
Avant que les soupirs expirent leur fragrance,
À mes lèvres, à ma chair, à mon cœur béant.

C'était si doux

C'était doux, si doux encore ton souvenir,
Lors sur la trace d'un petit grain de lumière,
Brille, collé contre mon cœur plein de poussière,
L'ébauche du frôlement vif de l'avenir.

Cet instant fragile, tel le soupir du vent,
Survole, soumis, mes prunelles endormies,
Lorsqu'à l'orée du lointaine frémit la vie,
Mettant, sans rumeur, le chuchotis à l'évent.

C'était doux, si doux le frémis de ton baiser,
Quand au petit matin s'émousse en douces ondes,
Berçant l'orbe du cou, cambrant les lèvres rondes,
Rêveur du souffle des mots qui savent oser.

Ce regard, qui contrarie les franges des cils,
Tel l'éclair qui fige l'embrun de l'existence,
Par-delà des songes, sous les pas de l'errance,
Vit au nid d'un espoir géant, mais volatil.

Effleurée par ton sourire

Le vent fléchit l'émoi des rêves irréels,
Et le ciel fouille les lignes des mains fontaines,
Griffonnant sur le cœur ses lueurs incertaines,
Lorsque ton souvenir me parme instinctuel.

Je revois ton sourire aux draps fins du chemin,
Et l'aurore qui s'éclipse en spasmes d'ivresse,
Imprègne mes yeux de lunes et de tendresses,
Au feu des étreintes flambées de ton divin.

Et quand, sans t'avoir, l'éclat brûlé du désir,
Serpente pieu à fleurir l'aura éthérée,
Du temple dévasté de cendre vénérée,
J'invente, emplie de toi, le pouls de l'avenir.

Puis, je frôle ton âme avec l'anneau des bras,
Lors le silence parle aux gouffres des lagunes,
Aux roses agenouillées de neiges, aux lunes,
Pour que ton sourire paillette les frimas.

À travers le temps

Le frisson du vent déride le pleur du temps,
Enlace le cœur brisé, l'œil vide, sans grâce,
Tissant une aube légère aux béates traces,
Aux nuages brûlés, envieux de printemps.

Là-bas, l'éternel habit le baiser du jour,
Dans le silence des fragrances inconnues,
Et trempe l'âme au sein des passions charnues,
Sous les arches des lunes veloutées d'amour.

Les pinceaux sacrés du sort effacent l'oubli,
Troublant, sans fin, la mémoire imprégnée
d'absence,
Car l'hiver approche, errant grisâtre d'essence,
Devant l'obscur fardé de songes anoblis.

Je prends ton soleil et je le mets à mon ciel,
J'émeus mon regard d'innocentes étincelles,
De rêves vagabonds, écumés d'aquarelle,
Du désir qui se délace cédant du miel.

Itinérance paisible

Le chant sourd des nuits enrobe les cils gâtés,
De rêves qui naissent lors la lune chavire,
Frôlant l'âme butée par sa lèvre de cire,
Le fond des crêtes du ciel, l'abysse épaté.

Un rire cristallin fait résonner l'écho,
De l'éternel désir en harpes des prières,
Animant le couchant, le soupir des poussières,
Et l'astre troubadour perdu sous les arceaux.

Le temps frétille sous l'indélébile poids,
Frôle les épaules des voûtes opalines,
La corolle bénie des fragrances divines,
Derrière nos écorces, nos rêveries froids.

Quelques roses perdues, imbibées de soleil,
Se fanent en moi lorsque l'innocente fièvre,
De ton silence fendu, butine ma plèvre,
Damnée à ton cœur émié en pleurs vermeils.

Silencieuse douleur

Le temps plie l'empreinte des pas insouciants,
Lors tu es loin, et moi près du ciel, de ses failles,
La tempe couverte de givre et de grisaille,
Émiettée d'émois, d'un froid supplicant.

Aux liens serrés, nichés aux pôles divins,
S'épaule l'étoile et sa poussière sonore,
Éveillant le parfum aux pores des aurores,
Cambrant les rêves aux arpèges orphelins.

Mon cœur trémule sa tristesse aux creux des bras,
Enroulé de pensées aliène les paupières,
Aux ombres de l'abysse où je suis étrangère,
Flottant dans ton sourire et le sable lilas.

Tant que ton image m'amène aux nœuds du sort,
Mon âme se courbe sous ta sève lascive,
A l'aurore où s'estompent les douleurs captives,
Jouant aux anneaux du soleil, aux rayons d'or.

Sous la brise écarlate

Je garde, le chant vivant aux pores ouverts,
Les pensées voyageuses, douceur enneigée,
Tes mains qui apaisent les roses affligées,
La soie de tes yeux qui me ficelle de vert.

L'hiver franchit et brûle ma bulle d'émois,
Lorsque le vent sème, déluré, sa romance,
Pour qu'un jour ton ciel sur ma peau soit l'alliance,
D'un instant d'or et diamants, brisant le froid.

L'aube blanche imbibe de passion les jours,
Et l'éther, béat et fou, berce cette force,
Embellissant les blessures de mon écorce,
Lors ta constellation scintille d'amour.

Le temps se tisse à l'écorchure du désir,
Au-delà du bonheur qui s'ambre de promesses,
Au creux de ton cou, sur le chemin des caresses,
Sous la brise écarlate ou règne le plaisir.

Je n'ai jamais oublié

J'ai pas oublié tes yeux enlacés au miens,
Lors le frôlement discret de l'aube fontaine,
Bâtit le jour sous un soleil de porcelaine,
Semant son art aux horizons aériens.

Tremblant, au creux du lointaine l'œil éperdu,
S'allonge saoule sous les roches millénaires,
Delà de l'émoi des roses imaginaires,
Tissé de larmes, de ces souvenirs ardus.

J'ai pas oublié ton cœur enclavé au mien,
Quand l'écho de ta voix s'esquisse sur ma peau,
Assoiffée de chair, coulant en moi telle l'eau,
Frémissant au fond de l'aven corallien.

Au puits du renouveau s'agrippe les flots fins,
Des orages avides, enflammés de foudre,
Où la douleur se brise en tremblement de cendre,
Et le temps se perd parmi les frimas, enfin.

Au carrefour du cœur

Chaque vertige des cimes silencieuses,
Au réveil de l'aube en feu, déchire le ciel,
Et moi, je rêve, aux creux des draps sablés de miel,
A quelques mots de toi, d'une vie curieuse.

La vague frémit et vêt les grains des ébauches,
A l'orée diamantine de mon appel,
Englouti aux éclats des soupirs éternels,
Aux brises des rosées qui veloute la bouche.

L'émoi s'émousse, témoin qui cambre la peau,
Et lors ton cœur m'habite je largue mes pleurs,
Au loin, au vent qui affine le temps sableur,
Au chuchotis qui ourle la nappe des eaux.

Mais quand le manque fleurit à mes yeux, dans
l'âme,
Le silence ému me frôle par ton éclat,
Sabre le cœur de cris et souvenirs cinglants,
Diffusant le vœu ardent que la chair réclame !

Captive à cet ailleurs

L'exquise lune blonde caresse l'azur,
Lorsque chaque ombre s'éteint au seuil des lumières,
Où l'éclat brouillé frémit dans l'œil des frontières,
Delà l'infini, des roses perlées d'air pur.

En teintes fragiles l'amour plie ses aveux,
Et la pensée court vers l'îlot de tes étreintes,
Dans l'écho de mes paumes imbibées d'empreintes,
Du chuchotis des aubes emmêlés aux vœux.

Là, mon cœur assoiffé de vertiges brillants,
S'impatiente, ivre, courbant sa peau pourprée,
Captive aux ailleurs, aux fulgurances dorées,
Comme un rêve qu'on respire, émoi accablant.

Et si le manque m'étouffe, sabrant l'instant,
Je vais vers la seule marche, à travers ton onde,
Quand je n'ai que le doux de ton âme profonde,
Et tes sourires qui veillent mon sort distant.

Au-delà du hasard

À l'ombre du silence, un ailleurs nu, sans fard,
Renaît parmi les éclats ivres des aurores,
Bercé de perles de rosée multicolores,
Joue au parvis de l'âme en flûte du hasard.

Le rêve éclot, discret, dans le miroir du temps,
Au-delà des montagnes, au creux des étoiles,
Plus loin que l'aube nue dans l'océan sans toile,
Autour de ton monde tel un nouveau printemps.

Le frémissement des cieux s'accroche à mes cils,
Et ton souffle m'approche déchirant l'absence,
Je veille le sort jusqu'au froid des providences,
Jusqu'aux émois du corps sans peur d'être à l'exil.

Dans tes yeux un bel sourire éclaire le sort,
Car je vis par leurs mots, ton cœur en ma poitrine,
Tel un semeur d'amour aux portes ivoirines,
Où la lumière glisse d'anges sans effort.

L'éphémère instant

Le calme du silence envoûte les prunelles,
Amarrant aux yeux tes sourires flamboyants,
Sous l'étoile qui éclaire l'ailleurs flottant,
Dans chaque torrent déplié des étincelles.

Le vent épouse l'orée, arrondit les vagues,
Lors l'âme affine ton baiser comme témoin,
Petit couffin penché d'émois, ballants au loin,
Vers les frissons qui dérobent la sève dingue.

Et là, mon cœur s'émousse enclavant tes offrandes,
Dans l'écrin des lèvres, frémit jusqu'à leur pouls,
S'approche de ton aura, au gré des froufrous,
Pour que l'existence se pourpre sous les landes.

Chaque note fidèle éclate en symphonie,
Et le soleil se peint d'éphémères instants,
Au berceau du ciel tissant l'amour au levant,
Sur la peau gonflée de plaisir et d'agonie.

Au nom de notre amitié

J'entends le friselis de l'âme par-delà de l'existence,
Aliéné aux vertiges de ton esprit qui glapisse en moi,
Et chaque fibre de ton cœur s'osmose a mes émois,
Composant une symphonie pour adoucir la sentence.

Et les jolis sourires sans âges depuis toutes ces
années,
Se chargent de lumière, de souvenirs et mille
mystères,
Une envolée légère à émouvoir ce nouvel horizon
austère.
Onze ans de bonheur, de joies, d'amitié enrubannée.

Tu es ma plus belle histoire, la grâce de mon
errance,
L'ailleurs où les roses frissonnent, les mots se
saoulent,
Là où la bohème de mon cœur dans tes yeux
s'enroule,
Et les silences parlent au sort de chance où de
souffrance.

La poussière du temps a décidé sécher ton brasier de
vie,
Et la lune s'enterre dans son exil, couverte
d'embruns,
L'immense de ton absence sera chagrin, un vrai
simoun,
Pour ta douce moitie, tes enfants, amis, les pages
inassouvies.

*J'aurais aimé te dire encore ce mois de juin: Bon
fête,
T'écrire des mots en chœur, amener mon chemin au
liman,
Mais sans tes rires, sans ta présence, je vieillirai de
cent ans,
Ô toi ma douleur, les pleurs sont a mes cils et me
revête.*

Depuis que tu es parti...

Au puits entre-ouvert du cœur frissonne l'âme pure,
Et les mots que j'ai pour toi fardent l'abysse moussu,
Quand l'obscurité de ton silence habille mon ciel
bossu,
Creusant l'autel, cambrant les pupilles mûries
d'usure.

Ton nom reste engouffré aux creux de ma mémoire,
Là où les souvenirs saignent hissant les nœuds des
jours,
Aux flous de ton absence qui tinte en plein toujours,
Aux rêves sans chair, aux émotions muettes et
illusoires.

Tu es parti vers l'au-delà et la douleur enterre mon
cœur!

Comment se réveiller sans voir l'azur et sa
douceur ?
J'aurais voulu que les sourires éclairent la fin du
sort,
Et que ton âme qui m'habite puisse parler plus fort,
Aux pores des halos lors tu entends la peine des
fleurs.

Les ressacs des souffrances alourdissent le fil de vie,
J'ai déjà les doigts gelés et la neige dans mes
cheveux,
Des roses sur la croix, ton rire dans mes confus yeux,

Puisque tu n'es nulle part j'ai peur de l'aube inassouvie.

Tu es parti et moi j'apprends à vivre vidée de sang!

Au levis d'un été glacé

Éventré, le ciel crie son immense chagrin,
A quelques pas de mon exil, piquant les roches,
Là-bas, l'aube s'ensevelit au drap des cloches,
Tandis que le cœur agenouille le destin.

Le jour qui se lève éclatent en mots hardis,
Au levis glacé de l'éden serein des lunes,
L'amer est mon rempart au gouffre des lagunes,
Là où j'irais auprès de ton esprit béni.

Devant mes bras confus le vide s'assombrit,
La rose fanée perde ses teintes pourprées,
Vers le néant, au creux des chutes diaprées,
S'esquissent les chimères dans mon cœur meurtri.

Grêle, mon miroir sèche l'écume du temps,
Piégeant le friselis de l'arpège des cimes,
Et le flux de lumière dans l'œil se décime,
À faire taire les souvenirs pour longtemps.

Sourire émietté

Dépeuplé d'amour, cerné de plaies accablantes,
Mon cœur te cherche à la veille des soirs dormant,
Creusant ses jours maudits dans les remous fumants,
Accroché aux abysses, aux ombres tremblantes.

L'été s'épaufre sur les marches effrangées,
Un aller sans retour, comme un cambré des bras,
Et mon âme est seule, en plein désert sans tes pas,
Brodant ton prénom d'émotions orangées.

Tandis que le manque éreinte l'aube légère,
Au sang du ciel et aux troubles de la mort j'erre,
Dans ma mémoire ne reste que le mystère,
Les étreintes, les pleurs des roses solitaires.

Un sourire se plie, vibration rouillée,
Indocile lueur, torrent démentiel,
Qui se déverse, où je t'ai senti, vers le ciel,
Avant que la brume vieillit l'orée ailée.

Et maintenant...

Quel frôlement de cils saura peindre l'absence,
Les flots du vent, le sourd frémissement du ciel,
Les larmes muettes, les mots torrentiels,
Lors la douleur tisse à la peau sa violence?

Quel flux saura dénuder les roses des chaînes,
Sous le frisson du soleil, incessant éclair,
Au froid voûtée en berceau, si affamée d'air,
Murmurant l'énigme de ton âme aux fontaines?

Quel chaos saura déplier ma tempe en peine,
Fixant l'horizon, le silence sidéral,
Douleur d'un cœur ruiné, vide vespéral,
Quand l'adieu est dans mes yeux et toi dans mes
veines?

Quelle lumière saura dévoilée la vie,
Et ton souffle éteint, et les mots gravés pour toi,
Jusqu'au destin enterré dans le désarroi,
Renouvelant l'aube qui croit à la survie?

Sur la route des silences

J'entends des rafales d'émois dans mon exil,
Emportant mon âme plus loin que la pénombre,
Aux orages qui brisent l'aurore des ombres,
Fléchée par la grêle qui sonne le réveil.

Depuis ton absence mon cœur est esseulé,
Les larmes me brûlent et se courbent d'errance,
Dans les haies de l'âme où s'enfonce la souffrance,
Sous les canons des nuages immaculés.

J'entends l'aube qui crie au creux de mes poumons,
Sans tes sourires et sans ses lueurs candides,
Lors l'amer noircit toutes les roses splendides,
Aux confins des jours qui font naître les démons.

Les vagues des pensées devant l'amour flétri,
Panique l'univers, les flots des pénitences,
Se chargent de ton souvenir, de ton absence,
Succombant où je l'enferme, aux dermes meurtris.

Partout et pour toujours

Le silence se tisse sur les murs lourds, froids,
Irisant le fond des cieux d'une paix d'opale,
Sur le bord des jours et l'aïeul des larmes pâles,
Jusqu'à l'illusion liée aux désarrois.

Le songe qui n'a plus ton sourire divin,
En plein ciel se froisse, fixant mon pas d'errance,
Lors t'espère lier au sort, à l'existence,
Et aux serments que j'ai légués à tes ravins.

Tantôt, l'aube bruie d'or, la rose de tournis,
Et aux chais du ciel bourgeonne le pouls des
cendres,
Le temps passe, nu, embrasse la vie en poudre,
Ton souvenir, l'ange d'un été dégarni.

Je t'ai revu dans ce rêve courbé de vent,
Ancré aux diaprures, cerclé de lumière,
Veillant l'embrun qui fige mon cœur aux lisières,
Partout, pour toujours, près de l'avenir qui ment.

Ébauche d'octobre

Octobre est là, tel un baiser de délivrance,
Durant chaque spasme du feuillage endormi,
Sous le silence qui rouille mon cœur terni,
Tanguant en naufrages brumeux de défiance.

L'émoi pousse les murs au miroir des frontières,
Que l'au-delà m'approche, ô quel saison étrange!
Qui fane le sourire au milieu des nuages,
Lors ton ombre se perd aux nappes des paupières.

Octobre peint l'œil de beauté et de tristesses,
Sous l'éclat piégé des pleurs, du dernier grimage,
L'épaule s'alourdit d'absence et de ramages,
Ayant froid ailleurs sans l'onde de tes caresses.

L'instant qui s'ourle de vapeurs d'éternité,
Est si près du bruissement de l'air automnal,
Gavé de sanglots, un dernier décor banal,
T'appelle, lié aux points de fragilité.

Au penchant du chemin

J'ouvre encor la main devant ce rêve trop blanc,
Et le matin moite veille le pas des vagues,
Enlise l'aube de givre noué en bague,
Jusqu'à l'émoi de brumes et le sanglot franc.

L'heure lourde plonge ses friables éclats,
Au-dessous de ma poitrine où fendent les ombres,
À l'endroit où ton cœur repose en perles d'ambre,
Et fleurit dans l'oasis des sourires plats.

J'embrasse l'illusion du présent torpide,
Ce vide m'écrase! Me noie à ton absence,
Et l'âme reste près de frêles turbulences,
Qui s'égrène d'écho si fade et insipide.

Ta voix frémit a ma chair, tamise les jours,
L'heure tremble, la brise chatoie la grand-voile,
Et dans l'intime courbature des étoiles,
La pensée erre sur le parvis du toujours.

Palette d'octobre

L'odeur d'automne tisse le cœur de soleil,
Mouillant le front et les sourires sans promesses,
L'appel divin guéri et frémit d'allégresse,
Drapant le ciel mousseux dans un frisson vermeil.

En ce jour, mes soixante ans nouent l'émoi des mots,
Errant vers l'horizon, où l'amour fait surface,
Un lendemain à la recherche de ta trace,
Témoin au creux de ma main tel un sillon clôt.

J'ai su de toi que ce désir de rêves bleus,
Qui guide l'ivresse d'une vie douce et tendre,
Jusqu'à l'instant qui écume l'histoire en ceindre,
Parmi les ombres posées sur un parcours pieu.

Ce jour roux est suspendu aux fraîcheurs du soir,
Au-delà du temps, grisé par l'aube légère,
Cherchant, lors ton absence reste viagère,
Ton âme décharnée, abandonnée d'espoir.

Et sans chaleur, le sort griffonne les sourires,
L'hier s'éteint et la brume naît goutte à goutte,
Sous mes doigts nus qui déposent près de ta voûte,
Ce jour rouillé, une rose et un souvenir.

Au sommet de l'émotion

J'ai déposé mon rêve a la croisée des brumes,
En réveillant le clapotis des rayons blancs,
Là où la mousse gorgée d'eau piège les flancs,
Et les mots caressent l'arpège de ma plume.

Le cœur frétille, étreint vide de ton image,
Glisse auprès du velours des souvenirs troublants,
Démuni de l'éclat d'un sourire affolant,
Dans le brouillard d'un parcours en manque de
pages.

J'ai croisé les instants suspendus à l'aurore,
Quand la grâce divine murmure au matin,
En frémis qui pli le silence célestin,
Au pont des cieux, hors du temps, où la vie éclore.

Le sort cueillit les subtiles vibrations,
Rompe le mystère des âmes sans répit,
Symphonie sacrée lors le destin décrépit,
Collé au dernier sommet de l'émotion.

Mots murmurés

Enlacée au murmure du dernier adieu,
A ces mots gravés a la mémoire de l'âme,
La vie embrume son cœur si usé, sans flamme,
Sans qu'elle retrouve l'amour au fond des yeux.

Et ce chemin étrange qui unit l'instant,
Dans l'élixir des rêves pâmés à moitié,
Fleurit en gerbe blanche au nom de l'amitié,
Delà de la raison, des silences parlants.

Nichée aux peines elle trouble l'horizon,
D'un regard perdu berçant le feu des étoiles,
Au pouls du roulis des ombres tissant la toile,
Des aubes tissées de pleurs et à l'abandon.

Un souffle flou, tel un parfum venu d'ailleurs,
Voile les pensées sombres aux creux de ses paumes,
Et la douleur sans fin dévore ces hauts-chaumes,
D'où, l'éphémère délie à jamais le bonheur.

Je sais tant de silences

Je sais l'amour plié à ton âme sensible,
Sous l'onde de l'horizon, niché à l'exil,
Sereine, gorgé d'abysse et si volatile,
Comme la caresse d'une brise paisible.

Mystérieux, perlé de taches de lumières,
Captif à ce demain qui délave le sang,
Un bout d'étoile sur un coin de ciel, sans rang,
En quête de bonheur, enroulée de prières.

Je sais des silences dans ton âme invisible,
Lors l'amer fraye les flots démunis de temps,
Abîmant les rêves sur le toit des printemps,
Dans le néant où glisse tant d'encre sensible.

Quelques paillettes aux yeux, une douce empreinte,
Mettent le feu aux secrets de ces matins blonds,
Sur les aubes brodées de reflets rubiconds,
Et puis s'abandonnent, peu a peu, sans étreintes.

Pourquoi…

Pourquoi je dois parsemer les perles d'ivoire,
De silence, lors l'aube secrète des jours,
Déloge le vent qui coiffe les monts d'amour,
Pourvu que le ciel, sans port, dénouent les nuits
noires ?

Pourquoi je dois poser sur les froides bruines,
Des couleurs pastelles, douceur en tons d'hiver,
Rêvant d'un voyage, pages bleus et fins vers,
De souvenirs dont l'aquarelle est en ruine ?

Pourquoi je dois errer dans la boue de la route,
Sans ta main dans ce labyrinthe de malheur,
Où, sans l'éclat d'un regard, se fane le cœur,
Cerné d'absence, voilé d'étreinte des doutes ?

Pourquoi je dois tracer l'aura d'ombres mouvantes,
De douleur, l'ultime émoi du souffle fidèle,
Bercer l'écho du feu par des sentiments frêles,
Qui sommeillent, enclavés dans ma chair vivante ?

Naufrage

Comme un murmure incessant, au-delà de temps,
Sans bruits, ni regrets, mais l'œil courbé de peines,
Je bercerai l'âme aux bras des aubes sereines,
Lentement, sans repos, vers le feu du printemps.

Aux fibres fines des nuées, creusées de rides,
Les rêves pâles miroitent sans conscience,
En fil d'attente, bousculés d'impatience,
Puis se perd au gré des courants froids et rapides.

Comme un désir innocent, auprès de l'avenir,
Sans torrs, ni malheurs, le sang crispé d'alarmes,
J'oserai noyer mon cœur aux sèves des larmes,
Doucement, afin qu'il arrive à subvenir.

Un dernier baiser s'éparpille dans le vide,
Glisse surpris et tortillé par les erreurs,
Dévoile sous le vent sa profonde candeur,
La torpeur des heures d'où naît des jours livides.

Lueur fragile

Dans ce silence lourd juste quelques pensées,
Survole le vide, à l'abri des troubles noirs,
Dans le frêle regard où le cœur est miroir,
Tissant l'aube à la voilure fragilisée.

Aux portes clos du ciel fendent les voix perdues,
Les perles du brouillard et les embruns des rêves,
L'oubli s'épanche déchiré, l'orage crève,
Guettant le sortilège, les douleurs ardues.

Par un étrange accord, où se mêlent nos âmes,
Le sort change un instant, un précieux mirage,
En clapotis sonore orné de coquillages,
Sous les lisières qui effilochent les trames.

Le souvenir butine les lueurs fragiles,
Petit halo tourmenté, chaos qui déchire,
Dans l'abandon, mon cœur, qu'importe, va franchir,
La nuit qui grave ta silhouette gracile.

Comme pour tenir

Depuis des mois, déjà, aux grains de la mémoire,
Je niche un sourire, joyau dans son écrin,
Ambré par l'aube, usé de temps et de chagrins,
Tisse par les mots trempés au doux de l'histoire.

Il traîne dans les flots d'azurs, criant ses peines,
Volant en écho vers le fond du creux astral,
Où le chant des anges noue les rives du mal,
D'un blanc cru, saturant le pont des nuits pérennes.

Parfois, le froid glacé des monts devient ton ombre,
Et sur les chemins il renverse ton prénom,
Il fredonne dans ses soupirs son grand renom,
L'allée du royaume, l'ultime saison sombre.

Puis, l'éternel s'accroche au rêve, aux chairs des
lunes,
Vidé, anime d'un je t'aime ton reflet,
Au-delà des cimes pleure en pas de ballet,
Veillant le poids des cils tombés dans l'infortune.

Ce matin...

Ce matin, sans promesse, si pâle d'absence,
Frisonne dans l'échancrure de l'éternel,
Darde les voiles fins du serment solennel,
Emmêlé au souffle creux, bafoué d'errance.

Ce matin, sans lendemains, âpre déchéance,
D'une abattue étreinte qui meurt lentement,
Au-delà du temps qui ne compte pas vraiment,
Car la morsure l'égaye de délivrance.

Ce matin, sans mémoire, en plis d'exubérance,
Murmure troublé à l'écorchure du cœur,
Usé par la clarté gracile du bonheur,
S'échappe, en perles nues, marquées de fulgurance.

Ce matin, sans secrets, près de ternes béances,
Engourdit le silence ému du tourbillon,
S'accoude aux coups précipités des carillons,
Et bâtit les bords d'une dernière romance.

Depuis l'aube

Chaque matin givre le cœur de l'avenir,
Et les larmes vieillissent, cambrées aux pupilles,
Tissant de silence le berceau des charmilles,
Tandis que le temps camoufle les souvenirs.

En nœuds d'âme s'engouffre l'oracle du ciel,
Et un sourire, intuitive énigme mouvante,
Quand la bise s'ébat sur la lèvre tremblante,
Brûlant les chandelles dans un baiser de miel.

L'univers amplifie la grâce des contours,
À l'interface des mondes, aux flammes rosaces,
Émousse l'épiderme des douleurs rapaces,
Insérée à l'aber du cœur, au pouls d'amour.

Ailleurs, les aubes s'unissent par leurs anneaux,
Au-delà des frontières, dans l'autel des roses,
Où les murailles nues de légendes et proses,
Remue la grappe du sort et pansent les yeux.

Aux drapés de l'hiver

Le cœur alourdi, les yeux dépeuplés d'étoiles,
J'offre la cime penchée aux caïeux du sort,
A ce présent lacé a des pas lourds, mais forts,
Qui tournent dans les ombres, épousant la toile.

Je suis le rêve, l'histoire rempli d'essence,
L'âme qui s'éloigne de ces chemins trop pleins
Des souffrances, des roses fanées dans leur flein,
Qui, sans peur, condamne le temps de ton absence.

L'onde des ailleurs ne sont que nappe des flammes,
Au berceau des landes, aux émois de l'instant,
Aux drapés de l'hiver où languit le printemps,
Au doux de l'abandon entrelacé de trames.

Je suis l'onyx, l'illusion des vœux en transe,
Liane berçant le sourire des nuages,
Quand l'éclat s'embrouille, inquiet, au front des
anges,
Au port du ciel où se grave l'ultime valse.

Cet hiver

Cet hiver qui se repose a l'aber des glaces,
Émanant l'émoi aux replis de ses remparts,
J'ai courbé l'éternel sommeil, l'amer départ,
Dans les abîmes blancs où crépite la grâce.

Et je ressens toujours les mots tièdes de larmes,
Vieillissant les ans, sculptant les rides des yeux,
Lors la cruche des souvenirs émeut les cieux,
Écho secret qui peint l'âme saoule des flammes.

Cet hiver m'embrasse de douleurs et tristesse,
Mon cœur rougit devant le céleste sourire,
Gonflant le chemin du sort muet, sans rien dire,
Alors que de mes doigts jaillit rêve et caresse.

Et je vois le naufrage et la beauté des roses,
Lien du cœur qui étreint un grain de soleil,
Un bout d'étoile en otage, un anneau vermeil,
Qui s'arrondi, loin de l'abri de toutes choses.

Au-devant de cette route

Dans sa corolle l'âme s'égoutte cendrée,
Tamise les rêves, la parure des cils,
En ligne de voûte colle les toits des fils,
Si près de l'aube pour s'abreuver de rosée.

Le ciel frémit et les rayons plient leurs paupières,
Les grands gouffres décousent la voix du destin,
Le temps tisse d'air tous les haillons argentins,
Autour d'un lendemain couronné de poussière.

Devant le vide qui loge dans mes artères,
Je boite, mais j'avance, loin des souvenirs,
Aux pôles des troubles, aux nuits sans avenir,
Esquisser, au hasard, un ange de lumière.

L'ombre se replie sous la caresse des lunes,
Et les yeux s'écument des songes insipides,
Frisages de vent attendent les bras livides,
Juste a cotonner en treille quelques lagunes.

Là où le songe murmure

Le cœur dentelé de frimas te cherche encore,
Prêt à accueillir la grâce de ton errance,
Le temps voltige en frissons fins de délivrance,
Leurs nudités fluides flamboie le décor.

Au feu du ciel profond, au creux de son berceau,
L'amour pur guide le tressaillement des tempes,
Le souffle d'un hier s'incruste sur l'estampe,
S'entoure de nos mystères sous les arceaux.

Étrange moment, vers l'aube, le jour sanglot,
Les peurs se bousculent, fragilisant la bise,
Puis, gracieux, l'horizon s'écoule à sa guise,
Entre mes mains, tel le sourire d'un grelot.

Le silence s'émiette, le cœur murmure,
Par delà des dentelles qui flambent les ombres,
Au pied des cimes troublées par les éclats d'ambre,
En pluie de lucioles sur les toits, les murs.

Au seuil des brisures

Le silence frémit sur les canons, les vagues,
Chaque fleur, enveloppée au blanc de l'hiver,
Compose les spasmes et les frissons des vers,
Courbant les rêves, là où la lumière bringue.

Lors le calme festonne le seuil des brisures,
L'âme sans miroir est un vacarme profond,
Odeur de l'autel dans l'iris stellaire, au fond,
Jusqu'aux puits de nos cœurs, camés par les fissures.

Le passe s'allonge et l'écho de la mémoire,
Se lamente devant l'intouchable soleil,
Tissé d'émois, collé à ton pouls sans réveil,
Là où j'ai peint l'eau pure, des perles d'ivoire.

J'ai tassé l'oubli au-dessus du gel, des chaînes,
Et j'ai marché pieds nus démembrant les matins,
Lors le vent camoufle l'énigme du destin,
L'étoile et tout ton entier vers l'orée lointaine.

Si je devrais...

Si je devrais te revoir, je dirais émue,
Tous ces mots que je n'ai pas su dire où écrire,
Ce temps bonasse lors j'ai senti ton sourire,
Ces bouts de vie égarés, les aubes perdues.

Vers ton ailleurs le silence frôle mon âme,
Le manque jaillit des pores et des viscères,
Au creux de mes mains s'égouttent les réverbères,
Étreinte nue qui suit le cortège des trames.

Si je devrais te revoir, j'oserais rejoindre,
Le pouls du renouveau, le calme des instincts,
Le puits profond du regard, le frisson succinct,
Et au réveil semer mille perles en poudre.

Tu es si près de chaque coulée de poussière,
Des serments arrosés d'ambre, des halos d'hier,
Un souffle étrange qui vient d'ensemencer l'air,
L'amenant par l'anneau éternel aux lisières.

Le printemps arrive

Et le printemps arrive en vol des libellules,
Vers l'horizon bercé de nuages fragiles,
Là-bas, le cri d'un nouveau jour reste immobile,
Lorsque la brise séduit les lisières soûles.

Sous les cils si lourds des cieux vertige l'aurore,
Se lamente, ondoie son désir comme un adieu,
Doucement, un frisson rose se saoule pieu,
Au creux du rêve où veille celui qu'elle adore.

Le printemps arrive, doux envol des lianes,
Vers les drapés de satin que les champs nuancent,
Liant, sans nul effort, les anneaux qui fiancent,
Le sort éternel des étoiles diaphanes.

Le cœur se froisse, se soumet au poids du manque,
Aux plis des silences, aux baisers des aveux,
Torrent épais qui dévale en ondes des feux,
Et puis s'endorment sur la nappe des calanques.

J'ai dans le cœur

J'ai dans le cœur la splendeur de ces mille étoiles,
Le soleil, l'orage, le frisson vaporeux,
Le bleu de l'ombre, l'horizon silencieux,
Le désir des mots et l'éternel de la toile.

Sous des parfums fondants et au réveil des aubes,
Les doux rêves franchissent les haies de l'exil,
Les feux voraces de rosée, l'air volatil,
Pour qu'ainsi, l'amour étreint l'absence qui daube.

J'ai dans le cœur des tristesses ridées d'errance,
Des plaies secrètes, les souvenirs du passé,
Larmes qui peignent les pierres de chaque été,
Une valse, plutôt son chagrin, sa béance.

Et si j'ai froid à chercher la nouvelle route,
Parmi les silences drapés dans ces instants,
Aux peines des paupières, des cils haletants,
C'est pour que mon âme songe à ta frêle voûte.

Sans cesse

Sans chute, le temps se recourbe sous les doigts,
Le déluge si épais submerge la toile,
Et dans les yeux se mire l'éphémère étoile,
Sous l'apathie muette à l'heure du trépas.

Sans aucun soupir, avec un triste sourire,
Le cœur s'enfuit, frôlant paisible ton allure,
Au-dessus des cieux et de leurs froides fissures,
Glacé d'émois, devant l'antre qui se déchire.

Sans cesse, je suis là, comblée aux creux des veux,
Déferlant l'effroi aux pores des aubes pleurées,
Qui laisse approcher encore plus les pensées,
Du pâle rêve noyé dans ce triste adieu.

Troublé d'une mélodie, de l'écho lointain,
Le cœur, miette vermeille, de grâce enrichie,
Traîne ton image, fusion d'empathie,
Puis s'étire au milieu du mirage incertain.

Mots orphelins

D'un geste naïf l'aube vermeille caresse,
L'horizon blotti sur le rebord crépissant,
Dévoré de vents, de nuages frémissants,
Lorsque le parfum du jour l'emplit de tendresse.

Au levant, quand l'aurore joint la solitude,
Telle une prière frôlant calme les yeux,
Par des larmes appelant un rêve joyeux,
Auprès de nos âmes crispées de lassitude.

Le soleil blond éclot en coupe sur la pierre,
L'empreinte du hier sanglot, après s'éloigne,
En cendres pâles, si tristes et puis témoignent,
Sa douleur, près du calme soupir des fougères.

L'air se tresse de rosée et glisse en dentelles,
Sur les vieux clochers où vibrent les chants brisés,
Dans l'opaque univers percé de cœurs grisés,
De mots muets et du friselis des prunelles.

Caresse des cils

Le cœur se farde des rêves doux, attendris,
Ravin de tisons et d'ombres illusoires,
Qui glisse entre les mots, belles perles noires,
Vers l'aube qui flambe le jour endolori.

Parmi les fleurs fanées se tresse l'horizon,
D'où ruisselle l'onde voilée des lagunes,
Frileux éclat miré au chemin blond de lune,
Accroché aux tuiles bleues des cieux et des saisons.

Aux pôles du vide, un creux pour oublier le temps,
Un souffle éperdu, des bras noués aux bouts de vie,
Et ce coin d'azur plié aux cils frémissant d'envie,
S'accroche aux haillons fins de l'âme collée au vent.

Une caresse des cils perce le songe,
Le silence brisé d'oubli, de tristesses,
Jusqu'au néant accablé d'une grande faiblesse,
Lors l'amour vibre sa harpe et puis s'allonge.

Émotions éteintes

Les jours vêtus de calme sont longs et glacés,
Troublant les murmures, glissant vers la noirceur,
Mais sur leurs battements trémule la douceur,
Quand dans le cœur glisse un désir violacé.

Doucement, le sort soigne le pas du parcours,
L'aveu oublié qui ne tient plus sa promesse,
Car la mémoire du temps flétrie en détresse,
Touchant d'émotions éteintes, sans amour.

Le cœur sait plus rêver, le jour est incertain,
Un destin suspendu aux quêtes incessantes,
Aux souffles des émotions agonisantes,
Devant les nuits fléchées de bises clandestins.

Tandis qu'une larme frissonne son aveu,
Son parfum orphelin nous réunit par sorte,
À la tombé du soir lors la brillante escorte,
En silence, trouble le dernier des adieux.

À l'antre du soir

Hier, icône pâle, freine l'éloignement,
Et le cœur s'essouffle aux spasmes de mes errances,
Ainsi, les mots frémissent leur douce alliance,
Si près de silences, divin frissonnement.

Son écrin parme, ancre la poussière du temps,
Réveillant le parfum des cimes éclipsées,
Dans le calme rayonnant des flammes frisées,
Lorsque le pouls des vagues aveugle les vents.

L'œil des cieux anime l'éclat de l'été froid,
Et ton entier se perd là, où tangue l'absence,
Tremblant, comme le cri des rochers sans clémence,
Jusqu'à l'ombre des jours grisés de désarrois.

Au chevet de l'aube, vers les confins des rêves,
S'émousse l'onde qui berce la belle lune,
Cambrée à l'antre du soir, aux hymnes des dunes,
Auprès des ballants des vallées qui se soulève.

Mélancolie fléchie

Les mots rincés de soleil tissent les aurores,
Et au large du ciel embrassent les aveux,
Leur beauté sauvage se pétrie dans les yeux,
Comme le joyau nu des âmes qui s'adorent.

Pareille aux étoiles qui frissonnent à l'ombre,
Vêtue de dentelles, noues en coupes de sable,
L'amour flotte jusqu'à ton souvenir friable,
Qui m'enserre au lien du cœur et aux nuits sombres.

J'accroche encore quelques baisers aux paupières,
Pour qu'au-delà de moi, de ces roses qui pleurent,
Le temps qui joue s'abandon, éternel chasseur,
Qui tisse ton sourire aux drapés des poussières.

A cet instant s'attachent les pages blanchies,
Broderie troue d'émois, courbées de sentiments,
Secrets de bout des doigts, effeuillés doucement,
Frémis muet d'une mélancolie fléchie.

L'envol des souvenirs

Aux recoins de mon cœur erre la solitude,
Tristesse glacée, rude, une brise de vent,
Que des silences qui s'installent trop souvent,
Sur les cils si lourds et hantés d'incertitude.

Le calme comble ses souvenirs et ses peurs,
Trouble l'âme rivée, un instant, au lointain,
Quand le passé s'enfuit, l'émoi reste certain,
Le fantôme d'un hier ombragé de stupeurs.

Et le frémis des bras confesse leurs tristesses,
Lorsqu'à l'orée des rêves, veille le soleil,
Sans bruits, en fins roulis, fragiles et vermeils,
Là où l'infini s'épanche sous les caresses.

Sur sa peau des frissons et des émues romances,
Des parfums qui émanent l'esquisse des jours,
Aux sommets courbés, au pourtour des carrefours,
Enfin, retrouver le souffle de délivrance !

Je me rappelle...

Le temps recourbé sur le contour des ombres,
Me laisse frisson d'été au chevet des soupirs,
Envahie de rêves animés de désirs,
Sous les doigts en îlot, noués à l'aube sombre.

Une lueur, voie éclairé sous le vent et la pluie,
Chuchote d'amour à l'arrivée du soleil,
Avant d'oser caresser le matin vermeil,
De gouttes de rosée, d'étreintes alanguies.

Et je vois ton sourire qui aveuglé ma voix,
Et les yeux en larmes ancrés aux désarrois,
Lors la vie se lasse, sans renouer aucun droit,
L'âme vit d'émotions et se perle de soie.

Tes mots murmurés sont encor sur mes lèvres,
Les heures, les silences de ton visage,
Sont secrets adossés au dernier mirage,
Un souvenir tapissé au bord de ma plèvre.

Au détour des rêves

Un beau bout d'âme dans le silence frémit,
Dans mon univers, dans la rosée des aurores,
Lorsque la grâce des roses multicolores,
Joint la gamme du crépuscule qui gémit.

Pareil aux sourires, velours sur le chemin,
Au creux des vents froid, sous l'aurore virginale,
Jusqu'au rêve peint de poussières matinales,
Au loin, dans le cri sourd, dénudé de destin.

Comme hier, le cœur embrasse tous ces frissons,
Tatouant la peau des rêves, des nuits ardues,
Oubliés dans les pensées, aux fibres émues,
Fuyant le temps rythmé par le soupir des sons.

Et comme avant, certains de mes mots te respirent,
Rien n'a changé, je suis près des lisières nues,
Où le soleil as froid lorsque l'ombre charnue,
Songe encore devant ce bonheur cachemire.

Triste aquarelle

Elle vit nouée dans l'aile d'une étincelle,
Au cœur de l'univers, dans cet ailleurs dorant,
À l'aube des nuits sabrées de rêves mouvants,
Frôlant cette vie fanée, ô, triste aquarelle!

Sur les sacrés parvis, dans le berceau de l'âme,
La brise s'éloigne de ces matins d'albâtre,
Vers l'horizon, à la quiétude de l'âtre,
Glissant le temps sur les fils duveteux des trames.

À l'ombre de ces silences, dans l'œil des pierres,
Miroite un souvenir, combat dans le désert,
Il se nourrit d'émois, rosace au cœur ouvert,
Suspendu au treillis tressé aux doigts de la terre.

Sur le piano du ciel l'étoile parsème,
Les mots grisés d'émotions, un mot promis,
Agenouillé sur la douleur des pleurs soumis,
A ce dernier voyage galbé de dilemmes.

Vers l'infini

Au loin, vers l'infini, le chaos et le trouble,
Accroche l'air aux brises de l'aube fontaine,
Frôlant discret la peau nue de l'ombre lointaine,
Déchirant les cieux lorsque le froid se redouble.

Son cœur éperdu, troublé d'émois et serments,
S'écorce, envahi par ces lueurs étrangères,
Qui caresse la mélancolie passagère,
Et les rêves fragilisés d'isolement.

Son encre picore l'amour de cet ailleurs,
De ces pluies bleues du levant, satiné de lunes,
L'onde du couchant et les courbes des lagunes,
Les pages éthérés d'où naît un sort meilleur.

Au creux de ses pensées les pleurs des souvenirs,
Quand l'heure du départ vient caresser les vagues,
Sous la tempête si lourde qui noue les bagues,
Et le temps qui plie tous ces vœux sans avenir.

Vie dépensée

Pour tous ces instants si endeuillés d'amertume,
Sinuant au bord des yeux, aux pores du cœur,
Les mots ne suffisent chasser le sort broyeur,
Mais, une étoile lui sourit, s'ancre à sa plume.

Dans l'âme, l'amour s'accroche devant l'absence,
Aux jours fragilisés par les soupirs glacés,
Douleur portée de vents vers ce nid dévoilé,
Noyant sa vie dans une froideur de faïence.

Elle a blotti un souvenir dans sa poitrine,
Et son rêve aux lumières nue de l'œil ouvert,
Où le destin s'oubli, nidifie son ciel vert,
Mélangeant bonheur et illusions divines.

Sous les ondes qui se reposent, ses pensées,
Se nappent d'étoiles, au-delà des orages,
S'immergent à ce décor, dans le lourd naufrage,
Pareil au bruit des flots de sa vie dépensée.

Sur l'autre rive

Vers l'aube, le silence reste vaporeux,
Une touche légère, comme sa pensée,
Au cou des cieux galbé de roses encensées,
Au poids millénaire des éclairs lumineux.

Au-dessus du temps, en ponts vers chaque matin,
Elle secoue l'absence, et les ondes muettes,
Lors le doute chagrine l'envie secrète,
Insouciante, telle une bouffée de jasmin.

Ivresse! Sensations brûlées, sacré serment,
Brasiers tombant sur le cœur voilé de douceur,
Des aveux dans ses cheveux, saignant de douleur,
Destin gravé au creux de paumes, fin des tourments.

Sur l'autre rive l'azur peint mille rêves,
Étreintes des vertiges, de sa mémoire,
Un cœur lourd d'une présence illusoire,
Harmonie infatigable, esprit qui s'élève.

Elle est là…

Sur les ponts azurés, au creux de son berceau,
Près de son nid quand la lune blanche le brode,
La tristesse perce l'étoile qui dérode,
Le songe des matins, le frémis des arceaux.

Elle est là, l'émoi plie sur son front ébloui,
Myriades de soupirs, roses qui s'enflamment,
Sur sa nuque le violon perlé de gammes,
La rosée des pluies, des aubes épanouis.

Ainsi, les nuits se tressent dans des bouquets
d'ambre,
Dans cet ailleurs si frêle, festonné d'errances,
Là-bas, l'écho des pensées s'enfile tenace,
Vers l'orée vidée de nos sons, vers l'astre sombre.

Un souvenir frémit aux plis des yeux mi-clos,
Comme cette rosée tiède, près de tristesses,
En voiles caressantes, frisées de paresses,
Au creux de ses bras esseulés, vêtis d'halos.

Poussière de temps

Ce silence enfoui au sable de son cœur,
Et ce regard nu, fuyant les bruits des ombres,
Tisse le rêve au fond de ses prunelles sombres,
En ce septembre où les aubes pleurent en chœur.

Le frisson de l'âme frémit, nu de serments,
Passions, vapeurs de sensations brûlées,
Désirs en filet, la peau des feuilles brouillées,
Le chaos des baisers, l'absence, quel tourment!

Et aux creux de l'air, tel un chuchotis fidèle,
L'irascible vent se tait, tanguant en pleins doutes,
Quand vers les confins de l'aube, au large des voûtes,
L'orée émue frôle le bord des étincelles.

Et encor, vers l'autre port, un écho bohème,
Noue les saisons grisées dans les âmes errantes,
Cerne le temps ému, les syllabes mourantes,
Pour que tout s'imbibe d'automne et chrysanthèmes.

Si son cœur...

Si son cœur nu se courbe aux feuillages d'octobre,
Sous les pleurs qui gonfle les abîmes des lunes,
Aux sèves arrachées a l'aube, au pouls des dunes,
C'est pour qu'elle oublie le frisson de son sort
sombre.

Elle s'incline à l'orage, au souffle du lac,
Légère, comme toutes brisures stellaires,
Qui touchent le souvenir muet de sa chair,
Et vieillit l'écho au puits galbé du ressac.

Si son cœur s'épanche comme un joyau de lys,
Lorsque le couchant naufrage dans sa cambrure,
L'univers enrobe l'anneau à sa parure,
Et vêt ses yeux d'une brise de friselis.

Elle glisse fidèle, approche le lointain,
Là-bas où naît la rosée, l'âme de l'aurore,
Pour qu'au-delà du temps, de l'absence sonore,
Son cœur, avant l'hiver, pâlit, sans lendemain.

Elle continuera

Elle continue écrire quelques pensées,
Frôlant les souvenirs emmurés à côté,
Son cœur encor collé aux soupirs du passé,
Et le regard flétri d'émotions brisées.

Devant son vécu, le temps - voleur de sa vie,
Son histoire éloignée - qu'elle n'a su garder,
Des mots frêles qui parfois la laissent guider,
Ses rêves au gré des ravins, à la survie.

En ce jour, frôlant la caresse de l'aurore,
A la croisée des lisières, vers cet ailleurs,
Elle berce sa douleur, quel triste décor,
Lorsque cette dernière fois se remémore.

Collée au souffle apaisant d'une mélodie,
Elle songe toujours aux sentiments naissants,
Et reste enchaînée au secret assourdissant,
Tandis que ses doigts paralysent l'agonie.

Vers l'ascension

Avant de miroiter si près du toit des cieux,
L'étoile sombre se niche dans l'aube extrême,
Son passé s'incarne dans nos âmes bohèmes,
Aux lueurs brisées dans les chandelles des yeux.

Soudain, l'éclat des rêves sème le bonheur,
Parmi les murmures perlés des lucioles,
Qui cascade leur charme en doux sons de viole,
Quand nos cœurs s'embrassent oubliant le malheur.

Vers le néant se fixe l'éther des regards,
Les mots chuchotés par le vertige des voûtes,
Frôlant les soupires silencieux des chutes,
Émaillés aux cils et aux joies bleues du hasard.

Et lors l'existence s'osmose à nos émois,
L'univers se nacre d'amour et passions,
Sortilège qui mûrit vers l'ascension,
Divine clarté, l'ardeur incrustée en moi!

Quand l'heure frémit

L'heure tisse ses grains de sable, l'âme vibre,
Devant le regard nu, emplit de rêves flous,
Lors, aussi légère que l'air, les frissons fous,
Cambrent leurs baisers bleus près de l'aurore
sombre.

Sur cette île des fragrances couche la grâce,
Si nue de mystères et de secrets visages,
Rivant la solitude d'un tiède alliage,
Aux rêves manqués et à ces larmes fugaces.

La pensée veille les bougies, plie l'insomnie,
Et le désir s'épaule sous les doigts nichés
À la cruche des soupirs, aux contours arqués,
Aux saveurs sauvages, veloutées d'harmonie.

Lorsque le cœur enlise la brise nocturne,
Les canons ridés d'errance, blanchis d'hiver,
Démasque le silence gris pour raviver,
Cette beauté divine sous l'écorce terne.

Et le cœur poudré de toutes ces nuits pastelles,
S'entoure de nœuds fleuris, de bruits sonores,
De lunes qui coulent en tons multicolores,
Mêlant dans leurs urnes fleurs nouées de dentelles.

Alors qu'un rêve frémit auprès de l'étoile,
L'énigme écaille l'orbe du miroir fluide,
Les roses sanglotent pour que l'infini vide,
Éclate en coupes dociles sur notre toile.

Petite lueur

Une petite lueur déchire la douleur,
Dans l'œil terni de temps, où gémissent les pleurs,
Lorsque le sort effeuille l'avenir berceur,
Du chemin agité qui cherche le bonheur.

Au chevet du soir, le chant hardi des années,
Trouve son écho dans l'éveil du cœur peiné,
Tel saule pleureur rêve du ciel destiné,
Nu de tous vents frileux, bleu de fleurs rubanées.

Dans le vide immense, cette foi essentielle,
Éblouira l'âme, sublime flambeau éternel,
D'un souffle d'ailleurs qu'illumine le tunnel,
Douce étreinte d'une joie providentielle.

Le front reste troublé sous l'aile des pensées,
Frémit au toucher du rêve et cils enchantés,
Et, gracieux sourit a ces serments diamantés,
Au sein divin, fidèle aux roses encensées.

Vague de tendresse

Dans le silence, une vague de tendresse,
Fredonne au ciel azuré ses mille secrets,
Son désir s'enflamme, perce l'émoi discret,
Au clair du matin irisant l'œil d'ivresse.

Dans l'obscur des pensées, ton âme céleste,
Berce, sous la paupière pâle, un visage,
Tel un frison déplié, frémis des mirages,
Sous les bras fermés où luit la flamme en zeste.

Le mystère reste suspendu aux fleurs déçues,
Le bonheur passe, errant aux pores de l'âge,
Triste et froissé s'exile au dessus des nuages,
Près de l'aube, au divin de cette vie reçue.

L'éternel s'épanche sur les brasiers flétris,
Sur les serments, sur l'ineffable caresse,
Enivrant la vie de douceur et d'allégresse,
A la chaleur d'un soleil pur et attendri.

Entre ciel et terre

Le ciel rougit lorsque l'étoile vagabonde,
Tresse, devant l'aube, son beau sourire blond,
Fuyant l'horizon, le temps et les antres ronds,
Pour dompter les songes et les heures profondes.

Le jour naît, riant au creux du nid des lisières,
Et sur les crêtes des cimes, quel feu sublime!
Qui dresse l'œil du néant, les sillons divins,
Au loin, près de la neige, au-dessus des poussières.

Soudain, l'infini s'abaisse, splendeur dans l'ombre,
Lorsque la pensée passe plus haut que le sort,
S'attarde et ondule les silences du port,
Jusqu'à ces vallons accablés de voiles sombres.

L'âme serpente, puis, monte au sommet des sources,
Delà des lieux rêvés, sans savoir le séjour,
Enrubannée par tant de guirlandes d'amour,
Tantôt, entre ciel et terre, quitte l'écorce.

Tressaillement...

Ivresse, langueur, des vers qui brûle la voix,
Source écumante qui réunit les jours en chœur,
D'où jaillit le rythme des battements du cœur,
Charme qui frissonne à travers la peau de soie.

Pendant que la brise du soir caresse les roses,
Le calme est infini, s'attarde sur l'aveu lourd,
Au fond du soupir pâles sont les mots sourds,
Ondoyant dans la chevelure des lunes moroses.

Au dessus des grands monts violets, l'étoile,
Trésaille, voile l'intime des murmures profonds,
Tandis que l'horloge bat ses silences rubiconds,
Loin des ombres mirées aux cristaux fins des toiles.

Et l'aube mouillée sourit aux vapeurs immobiles,
Aux feuillages légers, aux reflets limpides et purs,
Blottie au nid des yeux, au songe ingénu mais mûr,
Tandis que le soleil fane l'orée de taches indélébiles.

Cette rose...

Blottie encore au fond des rêves, le cœur frileux,
Dans l'odeur du soir, délice de la saison,
Une rose voilée, célèbre sa liaison,
Au-dessus d'ombrage obscur qui flotte silencieux.

Sa douceur, habillée de frissons par instants,
Effeuille un doux baiser affiné d'extase,
Tisse les songes, l'âme pâlie de stase,
Au loin, sous le ciel qui descende en plis flottants.

Blottie dans ses bras nus, suspendue a son bonheur,
Avec un sourire, corole entr'ouverte,
Frémissante, s'incline sur les voies vertes,
Et son calice allume le désir du cœur.

Sur sa chair veloutée tournent les mirages,
Se cambrent, s'enlacent, domptant sa nudité,
Encensant la peau de flammes, d'avidité,
Éternel manège accoudé a ces virages.

Pour un instant

Dans ce silence troublé, le cœur trésaille,
Telle l'onde inquiète exilée sur la pierre,
Songeant à l'amour, traînant sous la paupière,
Dans cette douceur calme qui se recueille.

Pour un instant, l'âme frôle l'azur pensif,
Au pied de l'aube où repose la rosée,
Où l'émoi du couchant et l'élan des pensées,
Tournoient, lentement, près de l'infini plaintif.

Au fil du vent, au seuil du ciel frêle et profond,
Les souvenirs se sauvent dans leur corolle,
Qui soupire, nue et gercée, au fond des paroles,
Tombant goutte à goutte dans le berceau blond.

Là, sous l'ombre rayée du lent frémissement,
Les sons mélodieux des fontaines nocturnes,
Voltigent, beauté enfiévrée mais taciturne,
Et puis glissent effleurant les tièdes serments.

Par delà du temps

La nuit, avec sa flûte, tisse ses rêves,
Et l'âme sabrée noue les ombres tranquilles,
La lune frémit ses tristesses rebelles,
Au crépuscule mystique qui s'achève.

L'harmonie s'installe, quelques bruits ondulent,
Lentement, les délicats pétales des fleurs,
Teinte le vol secret en diaphanes couleurs,
Sous la noirceur qui, sur les flots bleus, trémule.

Aux rebords des cieux éclot l'île de jasmin,
Dans l'écume gracile, de douceur bénie,
Soupirant d'amour, cambrée aux cimes infinies,
Bercée par l'anneau des crêtes azurées, sans fin.

Un songe éclaire le creux des astres d'or,
Sous le voile brumeux, altéré de saisons,
Se penche sur la brise et jaillit en liaison,
Par delà du temps, dans ce limpide décor.

Sous une treille d'iris

Sur les cils lourds, perlés de rêves langoureux,
La nuit vient étaler ses étoiles voilées,
La lune est suspendue à sa chair parfumée,
Une lueur rose teinte son front amoureux.

Errant à l'horizon, aux plis étincelants,
Le silence se penche noyant les ombres,
Sur les rumeurs éthérées des voûtes sombres,
Glissant ses soupirs fous au nid des flancs brillants.

Lors le lendemain, ivre, enferme son cœur nu,
Sur les majestueuses lumières éloignées,
Qui descendent tanguant, sublimes alignées,
Vers l'orée des cieux en noces, bleue d'ingénu.

Dans le néant, l'aube brûle, le soleil frémit,
Sous l'étreinte blanche qui unissent les bagues,
De l'écume naît l'âme, se colle aux vagues,
Quand l'émoi, sous une treille d'iris gémit.

Ce soir

Ce soir, mon cœur fond sur l'archet du violon,
Dans le jardin perdu sous l'étoile légère,
Lorsque le mystère et l'agonie passagère,
Se précipite en accordes des carillons.

Dans les yeux un frisson s'exhale vaporeux,
Flambeau parmi les pâleurs muettes, comblées,
Qui lentement sourit aux averses troublées,
Puis, monte ému tel un parfum silencieux.

Un rêve suit le fil de l'amour éternel,
Vers les cœurs vierges et le désir lent des lèvres,
Lors en plein nuit la bouche se scelle de fièvre,
L'heure reste bleue, le silence solennel.

Devant les rais gris, le friselis des soupirs,
Glisse des perles turquoise aux creux des étreintes,
Ce soir, l'ondée des émois s'allonge, sans crainte,
Au golf du couchant où va pointer l'avenir.

Cueillir un sourire

Lorsque la pensée frileuse s'enfuit au loin,
Vers ton ailleurs, si près des étoiles voilées,
Au nid du berceau qui s'égoutte en pluie aillée,
J'attends ton retour dans le bleu profond du coin.

Pas un tressaillement au baiser de l'éclair,
Lorsque revient dénuder les chaudes lumières,
Dessus les bouquets émeraude des clairières,
Au cœur d'un bleuet céleste flottant dans l'air.

Cadencé, l'éternel frémit en cliquetis,
Si calme, léger comme un doux battement d'aile,
Ainsi, éclot la perle de l'âme jumelle,
Tantôt, au feu du soir, s'égrène anéanti.

Vers l'œil des cieux où se mire l'amour dormant,
Chaque fois la joie fleurit en douces caresses,
Et a l'aube nos cœurs se tissent d'allégresse,
Pour cueillir l'éclat pâle du sourire aimant.

Les rêves

Là-haut, les rêves nus tatouent la peau du ciel,
Nichés aux longues attentes, à la liesse,
Au contour des nuages couronnés d'ivresse,
Au silence des passions vêtus de miel.

Inquiets, entre deux soupirs, au seuil du jour,
Ils glissent leurs chairs liées aux coupoles blanches,
Dans l'œil ému des fontaines où nus s'épanchent,
Les cœurs tremblants d'émois et saupoudrés
d'amour.

Paisibles, s'attardent sur l'aile de l'instant,
Fracturés de temps et éveillés de lumières,
Sur le rebord des aubes, au creux des lisières,
Naissant de l'invisible regard déroutant.

Là-haut, les rêves s'harmonisent d'un seul souffle,
Dans le lointain souvenir d'une main d'écume,
Lorsque l'aurore veille le voile de brume,
Qui erre dans l'âme d'une feuille de trèfle.

Souvenirs

Ton souvenir me guide vers l'éternité,
Aux silences muets, aux plis du parchemin,
Lorsque les lieux secrets hantent les lendemains,
Rêvant aux fulgurances de l'obscurité.

Le destin est porteur de masques d'innocences,
Soumis aux flammes et aux offrandes du temps,
Rythmé aux frissons pour délier le printemps,
Si près de l'extase vive des alliances.

L'émotion noue le frémissement des ailes,
Traverse le miroir bleu, l'orée de carmin,
Jusqu'à la rumeur du ciel qui fraie mon chemin,
Au-delà de ton refuge creusé d'étoiles.

Un souvenir veille les mystères des nuits,
Et pour un instant l'âme est tissée d'infini,
Comme une fenêtre vers un sort défini,
Bouts d'un passé nimbé des aubes éblouies.

Dans l'écorce des toiles

Les ombres errent vers le profond des lumières,
Frôlant la cime, frissonnant sur le chemin,
Mêlées à ton visage empourpré de jasmin,
Sous l'œil des cieux qui soupire dans sa prière.

Tantôt, les secrets ruinés tissent l'attente,
Les mots se perdent dans l'abîme qui s'enflamme,
Comme les feux du désert au temple des drames,
Nuée des songes, des aubes incandescentes!

Et lorsque la clarté des jours berce les courbes
Du labyrinthe qui anime les festins,
Sur les toits cendrés du nostalgique destin,
L'éternelle âme se noue aux chutes acerbes.

Dans son exil les rêves sont sablés d'étoiles,
Leur peau désirable picore le néant,
Quand vers l'horizon frémit le regard géant,
De cet amour niché dans l'écorce des toiles.

Les traces du temps

Plongée dans l'obscurité, au gré de nos rêves,
J'ai vernis les mots aux profondeurs des lumières,
Trempé les yeux rebelles à l'encre glacière,
Pour modeler les vieux traces du temps sans trêve.

Accoudée à l'horizon, aux paumes du ciel,
Là où brûlent les songes et quelques pensées,
J'ai livré le destin des errances blessées,
Dans la pénombre du sort providentiel.

Cachée dans le regard sombre de nos ailleurs,
J'ai trahie l'absence, la foi des vanités,
Le son des cloches apaisé d'éternité,
Le tiède silence cambré aux jours meilleurs.

Nichée dans les plis vernis du matin trompeur,
Et dans le calme de la magie des aurores,
Sous les nappes des lueurs éveillées encor,
J'ai mélangée la joie à la rosée du cœur.

Silences troublés

Regard ancré aux silences emplis d'azur,
Vers le soleil où se perd l'étoile des nuits,
Je sais le songe aux crêtes des fleurs éblouies,
Au battement du cœur, au friselis des murs.

Lorsque l'aube sanglote et ne sais plus rêver,
Dans son grand déversoir ne reste point de larme,
Pendent qu'à l'orée la lune blanche se pâme,
Ton sourire m'émeut, frêle vie à garder!

Au-dessus des lisières floues, le ciel rosit,
Cajole notre chemin, les pupilles sombres,
Déposant des baisers sur l'épaule des ombres,
Impatient, il frémit ému, puis sourit.

Delà du temps j'ai le bonheur de ton aveu,
Une odeur rose, l'éclat des lèvres voilées,
L'exquise caresse d'une nuit étoilée,
Et la coupe d'amour au milieu du nid bleu.

Au creux de l'absence

Loin, à perte de vue, devant cette lueur,
J'étreins ton image liée au cœur bleutant,
Pour que tu coule dans le vif de cet instant,
Mêlé au vent qui délivre le poids moqueur.

En maille de soie, au sang glacé des absences,
Tu m'accompagne, doux crépuscule du temps,
Suspendu sur les confins épais du printemps,
Imitant cette chaleur feutrée de constances.

La pensée défait le songe, noyau d'histoire,
Hanté de cavernes, à l'écoute des lieux,
Quand l'aurore gravite dans l'âtre des feux,
Au mouvement de chaque peur libératoire.

Lorsque l'âme se dérobe, émaillée de vagues,
Dans la turbulence des mots, autour de l'antre,
Sa greffe, qui bourgeon dans un infini neutre,
Façonne des bribes de vies unies en bague.

La lune

La lune silencieuse tisse ses songes,
Au tréfonds des nuits voûtées, à l'ombre limpide,
Dans le regard si bleu des étoiles torpides,
Et aux carrefours des cris, sur l'aile des anges.

Le chant du cœur frémissant suspend ébloui,
Les fontaines tièdes qui se collent à leur croûte,
Les éclairs grisonnés par le son doux des flûtes,
Plient les cils blonds, l'infini qui s'évanoui.

Son murmure se recourbe dans l'air obscur,
Pareil au calme sonore, au bruit des mers,
Puis s'envole sous le vent en fumées amère,
Qui frissonne sur le creux des silences purs.

Sa chevelure d'argent tombe sur les flots,
Tantôt, son soupir refait la lumière ardente,
Embrasse la peau pâle des fleurs patiente,
Et lentement s'allonge près du vieux sanglot.

Tressaillements...

Lorsque la tristesse se perd au fil de l'âme,
L'univers se renverse dans l'œil frémissant,
Parfois, ton sourire éclaire le ciel ardent,
Pour que l'émoi s'égoutte sur la soie des trames.

Dessus des mirages gonflés par l'aube neuve,
La vie sacrée palpite loin de l'horizon,
Aux sommets divins darde le feu des frissons,
Pour qu'encore la tendresse d'amour s'abreuve.

La chair du soleil nu teinte le sein des ombres,
Et son or pur, brillant, franchit les soirs fatals,
Allumant l'astre d'un feuillage de cristal,
Qui tintent dans l'intime de nos heures sombres.

Le souffle du rêve se colle à la paupière,
Trésaille devant le crépuscule subtil,
Et l'arôme qu'exhale l'azur volatil,
Reste émue, captive dans l'ivresse des pierres.

Devant le ciel

Devant le ciel nu, allumé d'astres flottants,
Je rêve, à travers le silence de mon âme,
De ton soupir posé sur mon désir de femme,
Bercée par son souffle secret et envoûtant.

Lentement, la douceur vient d'encenser l'instant,
Et puis s'épanche à la mélancolie mourante,
Aux faiblesses troublées par des lèvres souffrantes,
Qui ne savent plus frôler l'amour chuchotant.

L'heure se dégrafe si loin du crépuscule,
Là-bas, où sonne le songe, fuyant les peines,
Derrière les émois de toutes joies sereines,
Dans les abandons des longs regards qui fabulent.

Devant le ciel jonché de désirs inquiets,
Mes yeux brillent dans une frénésie sublime,
Peignent les roses fanées sur la chair des cimes,
Pour que leur beauté s'exile vers ton chevet.

J'ai vu à l'aube

J'ai vu l'aurore troublée par le grand silence,
Lorsque l'ondée des brises respire ton âme,
Dans l'air qui flotte inquiet, au creux noir des
flammes,
Au cœur aéré des cieux coffrés, plutôt mince.

Et l'orée soupire, courbée de sortilèges,
Elle semble triste errant parmi les abîmes,
Laissant fuir de ses bras l'émotion sublime,
Témoignant au fond des nuées le sacrilège.

Pendent que l'obscur brûle, l'amer s'égare,
Derrière le bruit des voiles anonymes,
Là-bas, l'éternité solennise les cimes,
À la chair des rêves, frémissant de nectar.

J'ai vu à l'aube le bleu cru de ton sourire,
Les franges dorées de soleil et la fleur calme,
Ta main pâle posée a l'antre de mon âme,
L'heure nue qui tinte l'adieu aux souvenirs.

Amie de plume

(Dédié à mon amie de poésie, Thyelise)

Tes mots feutrés de douceur trémulent encor,
Dans notre petit havre drapé de paix, de joie,
Qui pâlit ce jour, en silence, o, deuil de soie,
Lors l'aube s'incline nue, quel triste décor !

Le cœur ému sillonne, perdu, vers les cieux,
Dans l'ivresse muette guettant la lumière,
Lors le vent frais emporte la brume aux trémières,
Frôlant à peine le front des éternels dieux.

Pourtant, tes pas sont si présents dans les ravins,
La lune trésaille tel le frémis des flûtes,
Flottant, au fond du grand adieu, vers cette chute,
Voilant Venise de ton souvenir divin.

Le destin ému crie dans son calme béat,
Tristesse creusée au cœur et dans la mémoire,
Sous les colonnes écrasées, libératoires,
D'où nait l'étoile dans le néant blâmât.

Ton souvenir

Sans bruit, le ciel vaporeux que l'âme frôle,
Tressaillit au baiser intime des soirs mous,
Qui glisse à peine sur cette voûte créole,
Puis frôle les rêves, ton souvenir charnu.

Rivé à l'infini, bercé de roses pâles,
Toujours blotti parmi les parfums lumineux,
Sous les accords prolongés de ces nuits d'opale,
S'effile soudan dans son coffret cotonneux.

L'instant muet trébuche, palpite en sourdine,
Sur les cils du crépuscule, sur ses désirs,
Quand, sitôt naît le cœur des routes abyssines,
Et les diaphanes flots, perlés de plaisirs.

En haut de grandes sources pures se couronne,
Sous le murmure cristallin des soirs vermeils,
Dans la douceur des brises nues qui nous chantonne,
Au creux du temps nimbé d'extase et sans pareil.

Au bord de l'instant

Devant le miroir déserté l'âme s'éveille,
Sensible lors les songes gravés de bonheur,
Sombrent dans l'éternel trop lourd et dans le cœur,
Dans les vieux mirages parsemés de merveille.

Son ailleurs apaise les pleurs et puis effleure,
L'archet qui sanglot et son sourire royal,
Les chants tendres, purs, d'un sortilège loyal,
Bercé dans sa coupe par une vie meilleure.

La nuit glisse entre le ciel et l'onde profonde,
Et suspend à ses longs cils tant de baisers fous,
Errant sur le rebord flambé des ravins flous,
Tamise les émois des heures rubicondes.

Une brise chantonne aux âmes orphelines,
Devant le creux des abysses silencieux,
Sur le rebord de l'immense dais noir des cieux,
Qui éclipse l'instant aux lèvres opalines.

Témoignage du silence

Sur mon cœur passionné, en tresses de lunes,
Tu creuses des roses, de doux frissons gourmands,
Blonds battements d'écume, souvenirs friands,
Qui feuillettent les mots encrés aux yeux des dunes.

Aux frémissements, l'aurore en goutte de nacre,
Dépose la saveur rose de ton baiser,
Témoignage du silence prêt à tisser,
Dans ma poitrine le désir ému de l'encre.

Les fils rose du rêve éclairent les paupières,
Et le sursaut de ton cou émeut l'univers,
D'onde lisse le ciel perle un peu tous mes vers,
Lorsque la brise des nuits frémit aux frontières.

Le souffle se perd et des rafales aux paumes,
Cotonne l'aube qui s'éveille aux creux des bras,
Les toits pliés des voûtes s'arquent sous les pas,
Et ta voix fond à la mienne si loin des brumes.

Parmi les silences

Sous l'azur courbé de nuages en arceaux,
Les brises escortent vers les allées d'écume,
Le doux parfum blotti au levant de la lune,
Près de l'ailleurs troublé dans son petit berceau.

En juin, la rose t'étreint, fragile contour,
Lors dans mes mains closes pâlit encor la flamme,
Le soleil devient chagrin et l'orée se pâme,
Dans les regards qui frémissent fardant les murs.

Les souvenirs éclosent au fond de mes yeux,
Et s'accoudent sur la peau veloutée de l'âme,
Baiser tendre posée en pépites de larmes,
Voletant vers l'ivoire du nid duveteux.

Parmi les silences et rêves assoupis,
Le destin s'écoule, comme une épaisse lave,
Et mon cœur éperdu sanglot, o, pauvre épave,
Qui sombre à la croisée des destins accroupis.

Silences voilés

La féerie brille, pliée aux chênes impairs,
Strie les vallons boisés et courbe l'ombre molle,
Se mêle aux brises, dans le nectar des corolles,
Puis, glisse sur l'éclat divin d'un jour si clair.

Le frôlement des rameaux traverse le ciel,
Qui ondule sous la pâleur cachée qui pleure,
Dans le calme muet où la pensée demeure,
La frêle lueur point ses vols inertiels.

La vie tressaille lors l'âme dans son écrin,
Parcourt l'innocent du mystère, de sa sève,
Lors autour de toi pousse la chair de nos trêves,
Tandis que l'émoi vibre sur les cœurs pourprins.

Nos rêves reposent sur le vitrail du temps,
Sur la niche des cieux, o, quelle douce teinte !
Qui tremble, frémit et nous prête son étreinte,
Voilant nos silences par le baiser des champs.